Eberhard Neubronner

Ulm in Trümmern
Bilder einer vergessenen Zeit

Herausgegeben von den Buchhandlungen Aegis, Hofmann und Kerler

Endres-Verlag

Titelbild: Dreiköniggasse nach Osten

© Eberhard Neubronner
Endres-Verlag Pfaffenhofen
Titel: Herbert Langmaier
Repro: Marjan Lesjak, Senden
Herstellung: Baader, Münsingen
1. Auflage 1991
ISBN 3 927398 03 9

Inhalt

Zwischen Angst vor dem Tod und Hoffnung auf Leben — 9

Bomben auf Ulm und Neu-Ulm 1944/45 — 15

Die Tage nach dem Angriff vom 17.12.1944 — 25

Vier letzte Monate bis zum Kriegsende — 37

Drei Trümmerjahre zwischen 1945 und 1947 — 85

Ulm vor dem ersten Wiederaufbau — 141

Fotonachweis, Quellen und Literatur — 164

Den schuldlosen Opfern
von Krieg und Gewalt

Zwischen Angst vor dem Tod und Hoffnung auf Leben

Dieser Sommer ist sagenhaft. Er hängt als blaue Haube über der Stadt. Seit Menschengedenken, meint man in Ulm und anderswo, waren die wie endlos aneinander gehefteten Tage nicht heißer. Wer kann, sucht Kühlung. Die moorbraune Donau rinnt zwischen Kiesbänken. Sie begleitet träge den hellgrünen Illerfluß.

Juni 1945. Friedliche Normalität nach fast sechs Jahren Krieg. Schwalben flitzen am Abendhimmel. Vom Neu-Ulmer Freibad ‚Held' schlendert der Schüler Reinhold Ratter (16) ulmwärts zur Glöcklerstraße: Sporthemd, Lederhose, Sandalen, das feuchte Schwimmzeug unter den Arm geklemmt. Es ist sechs Uhr vorbei.

Für sein Alter hat Reinhold schon manches erlebt. Er war ein Luftschutzkind, kennt Bombentage und Kellernächte. Niemand macht ihm so leicht etwas vor. Auch nicht jener amerikanische Soldat, dessen erhobene Hand ihm plötzlich den Heimweg versperrt. Genau dort, wo an der Wilhelmshöhe eine kleine Treppe zur Promenade führt.

„Stop!"

Harry E. Champion jr., Dekorateur aus Hollywood, drückt ab. Er fotografiert den *german boy from good old Ulm* einmal, zwei- und dreimal. Denn, *oh well*, solche Hosen trägt keiner in Kalifornien. *Let's take a picture!* Der Besatzer tut mehr: Er schleppt einer perplexen Ratter-Familie sackweise Lebensmittel, Zigaretten, Schokolade ins Haus. Mit seiner Kamera und Reinhold („you are my best friend") zieht Champion Woche für Woche täglich durch Ulm. Als er Anfang August 1945 versetzt und später nach Los Angeles entlassen wird, sind Lebensfäden gespannt. In der Glöcklerstraße 31 bleiben drei Meter Negative zurück: Ulm zerstört, eine Stadt am Ende.

Wie war es dazu gekommen?

Als Folge des durch die Nazis verschuldeten Zweiten Weltkriegs nahmen britische und amerikanische Langstreckenbomber auch Ulm/Neu-Ulm ins Visier. Welches Leid daraus für viele Familien entstand, können Zahlen nur annähernd zeigen:

Von Juni 1940 bis zum örtlichen Kriegsende im April 1945 warfen rund 2 100 Flugzeuge der Alliierten über beiden Stadtgebieten mehr als 310 000 Bomben ab. 2 006 Menschen starben, 1 325 erlitten teils schwere Verletzungen, 60 444 wurden obdachlos und evakuiert. 22 Luftangriffe beschädigten oder zerstörten in Ulm 54,3 Prozent aller Häuser (Neu-Ulm: 35,8 Prozent), 81,1 Prozent der verschachtelten Ulmer Altstadt fielen den Feuerstürmen zum Opfer.

Die ersten zehn Bürgerinnen und Bürger tötete der kurze, heftige Tagesangriff vom 16. März 1944. Weitere 131 „Gefallene im Kampf um Großdeutschland" wurden nach mehreren Bombardierungen zwischen August und Oktober registriert.

Dann kam der 17. Dezember.

Am nebelnassen dritten Advent, 19.23 Uhr, erreichte eine Flotte viermotoriger Maschinen des englischen Luftmarschalls Arthur Harris ihr Ziel. Aus 250 Munitionsschächten glitten 96 646 Bomben: 704 Tonnen Brand- und 590 Tonnen Sprengprojektile. 27 Minuten lang rauschte dieser Regen auf Ulm. Seine Wirkung war furchtbar.

707 Menschen erstickten und verbrannten

oder wurden von Trümmern erschlagen, 613 verletzt. 1 933 Brände loderten. Wer hat sie alle gezählt? Der enorme Luftdruck schleuderte zehn Kilo schwere Pflastersteine bis zum 110 Meter hohen Viereckskranz des Münsterturms, tagelang qualmte die Stadt wie ein Kohlenmeiler. Noch im Oberinntal (Tirol), 160 Kilometer entfernt, hatten Bergbauern den am Nachthimmel fahlrot zuckenden Feuerschein bemerkt – während das Fensterglas ihrer Häuser klirrte.

Der damals zehnjährige Hellmut Lutz, ein Zeitzeuge:

„Am 18.12.1944 ging ich morgens allein los, um zu sehen, was der Luftangriff angerichtet hatte. Auf halbem Weg zwischen Safranberg und Wielandstraße rauchte neben der Bahnstrecke die große Mühle, verpestete das angebrannte Getreide die Luft...

Je weiter ich in Richtung Münster vordrang, desto größer wurden mein Entsetzen, mein Unverständnis und meine Wut: Entsetzen empfand ich angesichts der Toten, es waren die ersten in meinem Leben. Unverständnis erfüllte mich wegen der beispiellosen Zerstörungen durch Bomben und Brand – viele Häuser, in denen ich unlängst noch gewesen war, ganze Straßenzeilen, die mir vertraut waren, standen nicht mehr. Wut kam in mir auf, als ich sah, daß ‚unser' Münster sogar Treffer abbekommen hatte und der Münsterplatz durch tiefe Trichter verwüstet war. Daß von den Fachwerkhäusern an der Blau so

viele in Flammen aufgegangen und dort gewiß zahlreiche Menschen umgekommen waren. Daß der Hauptbahnhof mit seiner Umgebung eine Trümmerlandschaft geworden war, aus der die umgestürzten Masten der Fahrdrähte und die krumm nach oben gerissenen Schienen herausragten...

Als ich am Nachmittag dieses 18. Dezember nach Hause zurückkam, war ich ein anderer als noch am Morgen."

Ähnlich erging es Lore Maile. Beim Angriff vom 22. Februar 1945 auf Ulm-Söflingen und die Weststadt blieb sie im überwiegend mit Frauen und Kindern besetzten Sonnenbunker am Leben. Der von Minen zerpflügte Keller wurde 146 Menschen zum Schicksal:

„Da war dann ein Schlag, und alles war weg. Alles war dunkel. Irgendwann hab' ich gemerkt, wie sie mich rausgetragen haben...

Ich habe kein Schreien und kein Wimmern und überhaupt nichts gehört von den anderen Leuten, die da drin gewesen sind. Denn um mich herum waren ja alle tot... Und wenn heute Sirenenproben sind, also da meine ich grad', es reißt mir ein großes Stück vom Herzen heraus. Der ganze Schrecken kommt wieder."

Maria Gnahm verlor am selben Tag drei Angehörige. Sie berichtet:

„Ein tiefes Loch war zu sehen... Es hat lange gedauert, bis alle Leichen gefunden wurden. Den Leuten sind ja angeblich die Lungen geplatzt, ihre Gesichter waren aufgedunsen und rot. Ein Anblick zum Fürchten. Meine Schwägerin hat man nur noch an ihrem Ring erkannt, weil dort das Datum der Hochzeit drinstand. Ich habe damals gedacht, diese Bilder werd' ich in meinem Leben nicht mehr vergessen. Und so ist es jetzt auch."

Die finstere Zeit beider Donaustädte sollte noch andauern. 750 britische Flieger, weit mehr als während des katastrophalen Dezember-Angriffs, kreisten am 1. März 1945 über Ulm. Bei bedecktem Himmel und schlechter Sicht klinkten ihre Besatzungen von 13.15 bis 14 Uhr 20 060 Bomben aus. Bilanz: 532 Tote, 181 Verletzte, 854 Groß-, Mittel- und Kleinbrände. Wie zuvor, und auch hinterher noch, mußten die pausenlos löschenden Feuerwehrmänner oft vor dem Chaos weichen.

Die alte Bäckersfrau Luise Martin erzählt:

„Es war in der Turmgasse 2 am Gänstor. Wir sind dort mittags im Keller gesessen, Knie an Knie. Eine Nachbarin vom Haus, Katholikin und sehr fromm, hat mir eine brennende Kerze in die Hand gedrückt und gesagt: ‚Halte sie fest mit beiden Händen und bitt' unseren Herrgott, daß uns nix passiert.' Ja, und dann sind wir heil aus dem Keller herausgekommen..."

Neu-Ulm, dessen Bevölkerung bisher vergleichsweise wenig hatte mitmachen müssen, stand drei Tage später in Flammen. Das bayerische Städtchen an der Grenze zu Württemberg wurde am 4. März bombardiert (500 Flugzeuge, 102 010 Brand- oder Sprengkörper) und hart getroffen. Die amtliche Statistik verzeichnet 154 Tote sowie 231 Verletzte, große Teile der Innenstadt waren regelrecht ausradiert.

Karl Imhof vergißt dieses Geschehen nicht mehr:

„Als Soldat kam ich Anfang März mit einem Transport von Ungarn nach Österreich. Als wir abends im Übernachtungsheim eintrafen, fiel mir einer durch seine Sprache auf. Ich fragte ihn: ‚Bist du der Rösch Franz?' Darauf er: ‚Ja und du? Du bist sicher der Imhof – der, dem Frau und Kinder ums Leben gekommen sind...' Mir blieb die Luft weg. Ich bekam Sonderurlaub und fuhr sofort heim. In Neu-Ulm war alles hin. Unser Haus auf der Insel fand ich nicht mehr, nur noch einen Schutthaufen. Meine Frau und die Kleinen waren bereits geborgen. Ich bin dann am nächsten Tag wieder zur Insel gegangen und habe mit Pickel und Schaufel alles umgedreht, aber vergeblich. Außer der Erinnerung blieb mir nichts."

Frühling 1945. Gab es keine Chance für ein Ende des Sterbens auf Raten? Auch die schwäbische Stimmung am Boden schwankte zwischen Endsieg-Gefasel und Kriegsmüdigkeit. Was Parteischreiber im nationalsozialistischen Neu-Ulmer Anzeiger „heimtückische Mordwut der Luftgangster" nannten, setzte sich weitere siebeneinhalb Wochen lang fort: Bomben gegen Bürger und Bauten, Tiefflieger, Artilleriebeschuß.

Ulm war Mitte April per ‚Führerbefehl' zur Festung erklärt worden. 3 000 sowjetische Kriegsgefangene sollten im Zentrum eine

schnell gegrabene Schanze anlegen mit dem Ziel, die zerrissene Stadt „bis zum letzten Mann und zur letzten Patrone" zu verteidigen. Doch daraus wurde nichts mehr.

Am 23. April hatten Verbände der 7. US-Army nordwestlich von Ulm Stellung bezogen. Im Süden vor Wiblingen stand die 1. französische Armee. Oberbürgermeister Friedrich Foerster, Polizeichef Dreher und andere braune Amtsträger türmten. Sie ließen einen ‚Kampfkommandanten' zurück, der noch am Morgen des 24. April stramm funktionierte: Alte und Neue Donaubrücke, Schiller- und Eisenbahnbrücke flogen in die Luft. Mittags querten dann amerikanische Tanks die innere Weststadt, um 16 Uhr rasselten Panzer durch Neutor- und Karlstraße. Gegen 19 Uhr war Ulm befreit – ohne Schußwechsel, ohne offizielle Übergabe, ohne weiße Tücher zum Zeichen der Friedfertigkeit.

Auf dem Münsterplatz hißten GI's das Sternenbanner. Stunden später ergab sich die Wilhelmsburg. Neu-Ulm wurde am 25. April 1945 eingenommen. Damit war der Zweite Weltkrieg an Donau und Iller vorbei.

Richard Brandl sah seine seit fünf Tagen „vom Feind belagerte" Heimat wieder als Unteroffizier in Zivil. Verwundet, halb schon genesen, humpelte er Schritt für Schritt heimwärts:

„29. April. Die Stadt schien ausgestorben. Ganz wenige Passanten sind mir begegnet. Der Eindruck war niederschmetternd... Die

Straßen waren vom Schutt versperrt, nur Trampelpfade gingen durch die früheren schönen Hauptstraßen. Überall lag Ziegelstaub, und wenn der Wind einsetzte, blies es einem das Zeug ins Gesicht. Alles in allem war der Anblick unserer Stadt deprimierend. Auch viele Bewohner wirkten bedrückt. Aber sie waren doch froh, wie sich dann aus Gesprächen ergab, daß die Luftangriffe ein Ende hatten."

Nur noch 28 500 Menschen lebten Anfang Mai 1945 in Ulm. Sechs Jahre früher, während der Volkszählung 1939, waren es 68 585 gewesen. Eine ungewohnte Stille breitete sich aus. Jetzt heulten keine Sirenen mehr. Männer, Frauen, Kinder atmeten leichter. Sie hatten 16 Tage, 23 Stunden und 35 Minuten des ‚Tausendjährigen Reichs' in Kellern, Kasematten, Bunkern oder selbstgegrabenen Stollen gehockt. Hinter ihnen lagen 320 öffentliche Luftwarnungen, 268 Flieger- und 84 Kleinalarme: 24 455 bange Minuten.

Der neue Alltag roch nach verkohlten Balken und frischem Grün. Am Galgenberg residierten die Amerikaner. Zu ihrem Pflichtprogramm im Vorfeld von *freedom and democracy* gehörten Passierschein- und Personenkontrollen, Hausdurchsuchungen und Ausgehverbote. Wohnraum wurde für Truppenzwecke beschlagnahmt, versteckte Waffen oder Nazibücher konnten lebensgefährlich sein, jede Kamera mußte den gummikauenden Siegern präsentiert werden.

Ulms erster Militärkommandant hieß Mehlman. Er hatte Ende April Hermann Frank zum kommissarischen Oberbürgermeister gemacht. Dem Polizeirat folgte am 7. Mai Wieland-Direktor Karl Eychmüller. Tags darauf krachte es nochmals am Himmel, fast wie im Krieg: Oberstleutnant Irvin L. Harlow, regionaler US-Gouverneur, ließ die bedingungslose Kapitulation aller deutschen Streitkräfte mit donnernden Salven verkünden.

Laue Lüfte, endlich Frieden. Bunte Kleider wurden aus Schränken geholt. War dieser Mai 1945 ein Wonnemonat schlechthin? Er brachte mehr Schatten als Licht.

Befreite Zwangsarbeiter streiften durch Ulm. Sie wühlten und drohten. Nichts schien vorm angestauten Haß der jahrelang als ‚Untermenschen' geschmähten Osteuropäer sicher zu sein. Aber auch Einheimische plünderten fleißig. Unterdessen gab es kein Gas, kein Benzin, keine Kohlen. Weder Eisen- noch Straßenbahn fuhren. Telefon- wie Postverkehr lagen lahm, Strom mußte sparsam verbraucht werden. Deutsche Zeitungen fehlten, Lehren und Lernen blieben vorerst fremde Begriffe.

Die Wagnerschule am Bismarckplatz war Massenquartier für Tausende durchreisender Zivilisten oder Soldaten der zerschlagenen Wehrmacht. Viele kampierten draußen in Wetter und Wind. Andere standen politisch im Regen. Über Nacht wurde deshalb aus manchem scharfen Nationalsozialisten ein Widerstandskämpfer, sogenannte Persilscheine (Entlastungspapiere) gingen von Hand zu Hand. Ihr Wert bei den ‚Amis' war freilich gering.

Vor solchem Hintergrund ernannten sie alsbald Robert Scholl zum Stadtoberhaupt. Dieser überzeugte Pazifist war bis 1930 Bürgermeister in Forchtenberg/Hohenlohe gewesen und hatte einen guten demokratischen Ruf. Der Vater des wegen Widerstands gegen Hitler hingerichteten Geschwisterpaars Hans und Sophie Scholl trat am 8. Juni 1945 sein Amt an. Er versprach, es „mit sanfter Hand" zu führen.

Unter Scholl wurde die öffentliche Verwaltung gewendet. Das Wirtschaftsleben kam langsam in Gang. 74,3 Prozent aller Industriebauten waren zerstört, von 11 155 Häusern hatte der Krieg 1 763 verschont. 1,2 Millionen Kubikmeter Schutt schaffte eine dampfende

Schmalspurbahn in Richtung Donautal, Spitalhof und Friedrichsau. Aus den Trümmern konnten 270 000 Kubikmeter Splitt (110 Millionen Backsteine) gewonnen werden, was bis Dezember 1947 18 Prozent der kaputten Wohngebäude sanieren half.

Schlechter sah es beim Schulwesen aus. 12 867 Kinder oder Jugendliche lernten mit 261 Lehrern und in 153 Räumen buchstäblich teilen. Jede/r zweite 13jährige einer befragten Volksschulklasse war heimatlos, 72 Prozent der Schüler hatten Untergewicht. Den Kranken fehlte dringend benötigter Platz. Anfang 1948, als Württembergs zweitgrößte Stadt wieder rund 64 000 Einwohner zählte, meldeten ihre kommunalen Kliniken nur 921 Betten. Gleichzeitig machten die Massen mobil: Vollgepfropfte Züge verkehrten. Sie füllten das Flüchtlingslager am Kienlesberg. Rund ums Münster ratterten geflickte Straßenbahnen, relativ rasch wurden zwei moderne O-Buslinien (Oberleitung) installiert. Busse und Bahnen beförderten 1947 schon 2,1 Millionen Fahrgäste – dreimal so viel wie 1938. Viereinhalb Jahre nach Kriegsende schließlich waren sechs gesprengte Flußbrücken rundum erneuert.

Auch auf den zertrampelten Wegen allgemeiner und politischer Kultur tat sich etwas. Seit September 1945 spielte die Städtische Bühne in einer Turnhalle, Brennmaterial ersetzte an kalten Tagen das Eintrittsgeld. Mitte November feierten Leseflüchse den Start der Volksbücherei. Kurt Fried, Paul Thielemann und Johannes Weißer brachten mit US-Lizenz Nummer 34 die zunächst dünne Schwäbische Donau Zeitung (heute Südwest Presse) heraus. Im April 1946 gründete Inge Aicher-Scholl ihre kompromißlos fortschrittliche Volkshochschule, 1947 wurde das Museum eröffnet. Seinen früheren Leiter Julius Baum hatte deutscher Ungeist 14 Jahre zuvor aus ‚rassischen' Gründen entfernt.

Nach der ersten freien Gemeinderatswahl, Ende Mai 1946, rückten konservative Kräfte vor. CDU-Politiker erhielten 16 von 36 Sitzen (SPD: 8, Demokratische Volkspartei: 6, Freie Wähler: 4, Kommunisten: 2). Als Robert Scholls parteiloser Gegenkandidat Pfizer 1948 zum Oberbürgermeister gewählt und später vereidigt wurde, läutete die Schwörglocke. Beim

wiederbelebten Stadtfest war sie noch einmal zu hören. Theodor Pfizer schwor vor der Rathaus-Ruine, „Armen und Reichen ein gemeiner Mann zu sein in den gleichen, gemeinsamen und redlichen Dingen". Schwarzweiße Fahnen wehten statt Schwarzweißrot. Ulm, dessen alter Verfassungseid Jahrhunderte überdauert hatte, wachte am Schwörmontag wie aus Alpträumen auf.

Nun galt es, eine an Herausforderungen reiche Zeit ohne Verzicht auf Selbstkritik mutig zu meistern. Ob dieses Bemühen durchweg gelungen ist, steht dahin. Tatsache bleibt: Niemand in Ulm oder Neu-Ulm widmete sich bisher ausschließlich der gemeinsamen Trümmerphase, kein Buch hat speziell die ebenso wirren wie wertvollen Jahre des Umbruchs dokumentiert. Auch der vorliegende Bildband kann (und will) solcher Zielsetzung nur im Ansatz gerecht werden. Er bündelt optische Eindrücke, die zwei US-Soldaten sowie Bürger/innen beider Städte von 1944 bis 1950 unter meist schwierigen Bedingungen gesammelt haben – zwischen Angst vor dem Tod, staunender Neugier und Hoffnung auf Leben.

Ist unsere Gegenwart, mit ihren weltweit fressenden Kriegsbränden, humaner als jene vor einem halben Jahrhundert? Sind Menschen jemals aus Schaden klüger geworden? Wann hat Vernunft Konjunktur? Antworten mag suchen und finden, wer die folgenden Bilder betrachtet.

PHOSPHOR VOM HIMMEL: ZWEI STÄDTE VERBRENNEN
Bomben auf Ulm und Neu-Ulm 1944/45

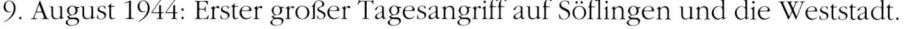

9. August 1944: Erster großer Tagesangriff auf Söflingen und die Weststadt. Das Söflinger Gasthaus ‚Quelle' (Kapellengasse 8) ist völlig zerstört.

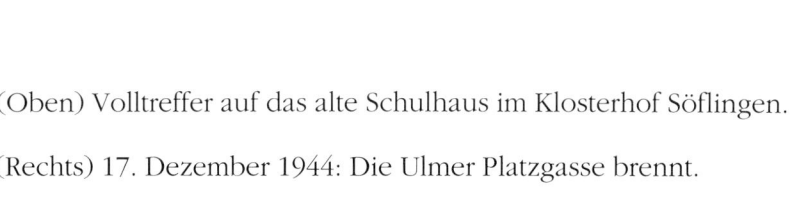

(Oben) Volltreffer auf das alte Schulhaus im Klosterhof Söflingen.

(Rechts) 17. Dezember 1944: Die Ulmer Platzgasse brennt.

Löscharbeiten in der Zinglerstraße am 1. März 1945. Dieser Tag kostete 532 Menschen das Leben.

(Links) Am Fischerplätzle beim ‚Schönen Haus'.

(Oben) 22. Februar 1945: Der Söflinger Sonnenbunker, Grab für 146 Schutzsuchende.

(Rechts oben) Nach einem Angriff in der Zinglerstraße.

(Rechts Mitte) Beim Sonnenbunker, Söflinger-/Sonnenstraße.

(Rechts unten) Söflinger Bürger bergen ihre Habe.

Fischerviertel, Schwörhausgasse 15: Nur das Nötigste gerettet.

Nach einem Luftangriff in der Ulmer Neustadt am Karlsplatz.

Auf dem Schweinemarkt. Die ‚Forelle' (Mitte rechts) blieb verschont.

Schweinemarkt nach Westen. Links oben das zerstörte Gasthaus ‚Wilhelmshöhe'.

(Links) In der Neu-Ulmer Friedenstraße.

(Links oben) 4. März 1945 in Neu-Ulm, Augsburger Straße.

(Rechts oben) Durchgang zum Schweinemarkt bei der Stadtmauer.

(Rechts) Neuer Bau mit Hildegardbrunnen.

WAS DEN LEBENDEN BLEIBT: SCHNEE, STEINE UND SCHUTT
Die Tage nach dem Angriff vom 17.12.1944

(Links) „... aber dem Führer Gehorsam auf Erden": Endsieg-Parole in der Platzgasse.

(Rechts) Unterdessen ist Ulm, nach dem Luftangriff vom 17. Dezember 1944, kaum mehr wiederzuerkennen: Lange Straße (Mitte) mit Schuhhaus (links) und Museum am Taubenplätzle (rechts).

Hauptwachplatz mit Rathaus (links) und Metzgerturm.

Blick vom Münster nach Südwesten: Der Weinhof.

(Unten) Was von einem Menschen übrig bleibt.

(Oben) Am Weinhof von links nach rechts: Steuerhaus, ‚Wallensteinhaus' (im Vordergrund) und Schwörhaus.

(Rechts) Münsterblick nach Nordwesten: Von der Platz-/Rebengasse, vorn, zur Pfauen- und Sterngasse.

Auch die Fischergasse ist schwer gezeichnet. Links der ‚Allgäuer Hof' (Schnakenhof).

Auf der Steinernen Brücke.

Platzgasse und Münsterplatz: Kein Haus hat die Brandnacht des 17.12.1944 überstanden.

Südwestlicher Münsterplatz mit Neuem Bau (links).

Nordwestlicher Münsterplatz, Blick zum Michelsberg.

(Links) Notwasserversorgung Ecke Olgastraße/Platzgasse.

(Rechts) Geborgener Hausrat in der Ensingerstraße.

(Unten) Zwischen Keltergasse und Olgastraße.

707 Ulmerinnen und Ulmer fielen dem 17. Dezember zum Opfer: Beisetzung der Toten am 30. Dezember 1944.

„EIN' FESTE BURG…":
ÜBER ALLEM DAS MÜNSTER
Vier letzte Monate bis zum Kriegsende

(Links) Ein beliebtes Postkarten-Motiv hat ausgedient: Walfischgasse nach Osten.

(Rechts) Münsterplatz, Blick zur Hirschstraße: Stop für die Straßenbahn.

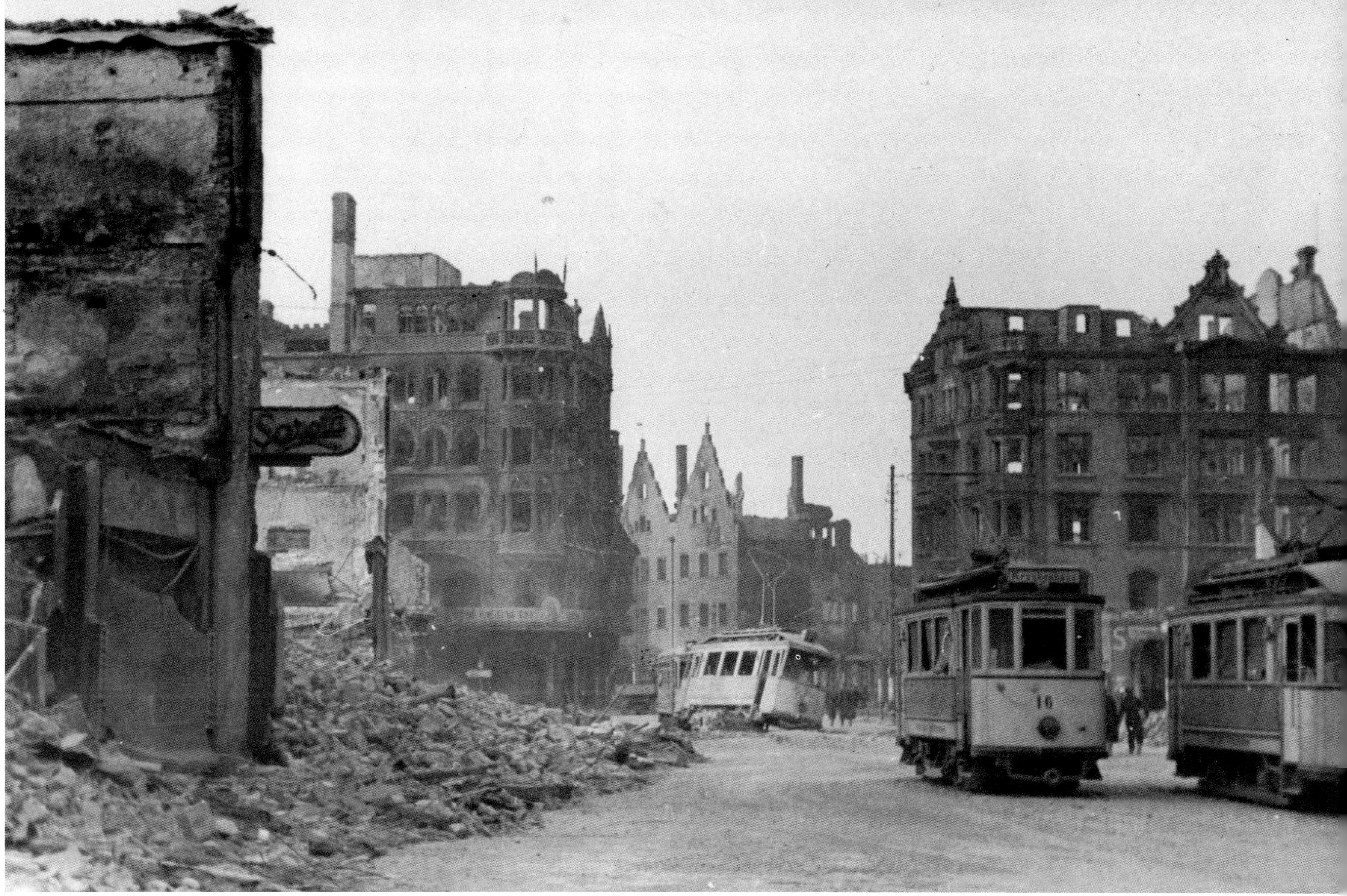

Ausgebrannte Geschäftshäuser am Westlichen Münsterplatz. Rechts das Café Tröglen.

Die ‚Alte Bierhalle', Lange Straße (rechts). Im Hintergrund der Neue Bau.

Lange Straße nach Westen.

Die Fassaden am Westlichen Münsterplatz sind eingestürzt.

Nordwestlicher Münsterplatz, Blick zur Sterngasse.
Vorn Reste der Firma Carl Abt.

(Links oben) Sterngasse/Neuer Graben nach Osten.

(Rechts oben) Blick über die Walfischgasse zur Pfauengasse.

(Rechts) Wengengasse nach Süden.

Blick von der Dreiköniggasse zur Hinteren Rebengasse.

Auch die Ulmer Neustadt hat gelitten: Karlsplatz/Zeitblomstraße.

Zerstörungen an der König-Wilhelm-Straße.

Frauenstraße, Blick zur Georgskirche.

Der Gänsturm, getroffen und ausgebrannt am 17.12.1944.

Ruinen am Südlichen Münsterplatz.

Kramgasse nach Westen. Ein ‚Guckehürle' (links oben) hat vorerst überlebt.

Kramgasse nach Norden (März 1945): Der Münsterchor ist bombenbeschädigt.

Hirschstraße bei der heutigen Kaufhalle, Blick zur Wengengasse.

Die verbrannten Häuser Marktplatz 6 (rechts) und 7.

Marktplatz 6 und das Nebengebäude ...

... mit dem bei Wilhelm Hauff erwähnten ‚Lichtenstein-Erker'.

Taubenplätzle beim Rathaus. Am rechten Bildrand der getreppte Museumsgiebel.

Neuer Bau (vom Weinhof). Sein Südtrakt wurde nur leicht beschädigt.

Das alte Viertel Glasgasse/In der Höll
ist kaum mehr wiederzuerkennen.

Durch die Gideon-Bacher-Straße geht der Blick zum Gänsturm (links Donaublock).

Kornhausgasse nach Westen mit Kornhaus-Ruine.

Donaublock an der Gideon-Bacher-Straße.

Über allem das Münster: Sammlungsgasse.

Ecke Frauenstraße/Hafengasse.

Frauenstraße nach Süden mit Café Gindele (hinten).

Die Frauenstraße nach Norden.

(Links) Verglüht im Feuersturm des 17. Dezember: Dreifaltigkeitskirche vom Spitalhof.

(Oben) Donaustraße von der Alten Donaubrücke (Herdbrücke) aus.

Eine Bresche in der Stadtmauer: Das Gasthaus ‚Sonne'... ...gibt es nicht mehr (Herdbruckerstraße 26).

(Links) Marktplatz mit Haus Nr. 6, früher ‚Untere Stube'.

(Links oben) Ulmer Rathaus mit Marktplatz nach Nordwesten.

(Oben) Der Syrlinbrunnen oder ‚Fischkasten' von 1482 blieb unversehrt.

Marktplatz nach Osten: Das ehemalige Patrizierhaus der Schad von Mittelbiberach steht noch.

(Links) Die ‚Alte Bierhalle', Lange Straße 1.

(Oben) Von Bomben verschont: Der 1345 erbaute Metzgerturm.

Die Westseite des Neuen Baus ist zerschlagen (Blick von der Lautengasse).

Weinhofberg. Links die zerstörte Burkhardtsmühle.

Das Schwörhaus am Weinhof.

Lange Straße/Ecke Kramgasse nach Westen.

Am Weinhof: Das Steuerhaus der Freien Reichsstadt Ulm (Mitte).

Verwüstung am Schweinemarkt, Blick nach Nordosten.

(Oben) Schweinemarkt von der Stadtmauer aus mit Veltensmühle und Schwörhaus-Ruine.

(Rechts) Bombentrichter am Bismarckplatz.

(Oben) Die Glöcklerstraße mit ‚Baumstark'-Ruine, Mitte, nach Osten.

Mauern des früheren Wengenklosters.

Westgiebel der Wengenkirche.

Ulmer Hauptbahnhof, Empfangsgebäude: Am 17.12.1944 zerstört.

Bahnhofsplatz: Links die Hauptpost-Ruine, daneben das Ärztehaus Fischer (Olgastraße 1).

(Oben) Stuck und Schutt am Westportal der Wengenkirche.

(Rechts) Der gerettete und noch heute erhaltene Treppenturm des einstigen Wengenklosters.

(Oben) Die zertrümmerten Anlagen der Güterbahn.

(Unten) Plünderungen am Güterbahnhof, Ende April 1945.

Neu-Ulm: Blick von der Stegstraße über die Donau zum Gänsturm.

Neu-Ulm: Ecke Marienstraße/An der Kleinen Donau.

Neu-Ulm: Blick vom Kirchplatz (Ottostraße) zur Friedenstraße.

Neu-Ulm: An der Kleinen Donau. Auch die Löwenbrauerei (Hintergrund) ist lahmgelegt.

Neu-Ulm: Ein täglicher Anblick – das Gesicht der Marienstraße.

(Oben) Neu-Ulm, 4. März 1945: Soldaten schaffen ein Opfer fort.

(Unten) Neu-Ulm: Mobiliar, auf der Donaustraße in Sicherheit gebracht.

Empfangsgebäude des Neu-Ulmer Bahnhofs, am 4. März 1945 zerbombt.

ERBE DER KELLERZEIT: RINGSUM ROST UND RUINEN
Drei Trümmerjahre zwischen 1945 und 1947

So fotografiert ein amerikanischer Befreier die Stadt: Das Münster ist wie unantastbar geblieben.

Ruine der Deutschen Bank/WMF am Südlichen Münsterplatz.

Südwestlicher Münsterplatz. In der Mitte Haus Merath (Hirschstraße 1).

Westlicher Münsterplatz am Ausgang zur Hirschstraße.

Hirschstraße mit Glöcklerstraße (links hinten) und Bahnhofstraße (rechts). Vorn Müller + Co., heute Hertie.

Kramgasse mit Schuhhaus (links), rechts Lange Straße.

Juli 1945: Das kaputte Rathaus (links) wird mit einem Notdach gedeckt.

Hauptwachplatz und ‚Alte Bierhalle' (Mitte). Rechts oben Eingang zur Sattlergasse.

Fischerviertel mit Schwörhaus (links), Fischergasse (Mitte) und Promenade (oberer Bildrand).

Nördlicher Münsterplatz und Rabengasse.
Rechts vorn am Eck die ‚Spanische Weinstube'.

Östliche Altstadt. Rechts Kornhaus-Ruine, links vorn das Hafenbad.

Reste der gesprengten Neuen Donaubrücke (Gänstorbrücke), Blick auf Neu-Ulm.

Im Sommer 1945 ist die noch am 24. April vernichtete Neue Donaubrücke durch eine Holzkonstruktion ersetzt.

Münsterblick nach Osten mit Gänsturm und Notbrücke.

Baurengasse und Gänsturm nach Nordosten.

Dreifaltigkeitskirche mit Spital-Ruinen und Schuttbahn. Links oben: Petrusbrunnen.

Dreifaltigkeitskirche von Westen (Grüner Hof).

Lange Straße beim ‚Gindele' mit Dreifaltigkeitskirche.

Chor der am 17.12.1944 ausgebrannten Dreifaltigkeitskirche.

Donaublock: „Vor Einquartierung Bürgermeister aufsuchen".

Zerstörte Häusergruppe an der Basteistraße.

Frauenstraße: Blick vom Seelengraben in Richtung Süden.

Die gesprengte Alte Donaubrücke (Herdbrücke), Juni 1945.

(Links) Kein Weg nach Bayern: Trümmer der Herdbrücke.

(Oben) Stadtmauer mit Blessur: Herdbruckerstraße.

(Rechts) Lange Straße nach Westen.

Blick vom Rathaus zum
Schuhhaus (links).
Rechts Behelfsbau
der Bäckerei Martin.

Marktplatz/Herdbruckerstraße. Links der Bildmitte stand bis 1944 das schmale ‚Fluigahäusle' des Goldschmieds Karl Neubronner.

Leere Fensterhöhlen: Der Rathaus-Südostflügel.

Auf den Schuttfeldern am Marktplatz wuchern Gras und Kraut.

Das Ulmer Museum, am 25. Februar 1945 schwer beschädigt.

Hauptwachplatz mit Hauptwache (Hintergrund) und Musikpavillon. Er wurde 1955 abgebrochen.

Sattlergasse: Teichmannbrunnen im Schutt.

Bombenloch in der Stadtmauer beim Fischerplätzle.

(Oben) Das alte Steuerhaus, später Weinhofschule.

Häuslesbrücke im Fischerviertel mit Ruine der Gaststätte ‚Schwanen'.

Handarbeit zu zweit: ‚Entschuttung' am Weinhof.

Die Schwörhaus-Ruine mit ...

... und ohne Ostgiebel (Ende 1945 eingestürzt).

Am Weinhofberg, Blick nach Osten zur Sattlergasse. Rechts das niedergewalzte ‚Wallensteinhaus'.

Unter der Metzig, Blick zur Kronengasse. Bildmitte: Der heutige Altentreff.

(Links) Beim nächsten Sturm fällt es ein ...

(Oben) Steineklauben am Schweinemarkt.

(Rechts) Unter der Metzig.

Fischer-/Vaterunsergasse. Links hinten das unzerstörte ‚Schöne Haus'.

Die von US-Pionieren erbaute provisorische Eisenbahnbrücke. Links Ruine der Villa Wechßler (Promenade 1).

(Oben) Eisenbahn-Notbrücke, im Hintergrund die Schillerbrücke.

(Rechts) Südlich der Deutschhausgasse, Blick zum Michelsberg.

Unterer Lederhof. Links das frühere Café Baur, Glöcklerstraße 30.

(Links) Die Glöcklerstraße nach Osten. Im Hintergrund Müller + Co.

Glöcklerstraße. Rechts, unterm Schutt des Grundstücks Nr. 27, wird noch nach einer Toten gegraben (Sommer 1945).

Blaupartie bei der Lochmühle nach Süden (rechts Ulmer Brauerei-Gesellschaft).

Glöcklerstraße/Henkersgraben nach Westen in Richtung Ehinger-Unterführung.

Die Kreissparkasse, Ecke Zingler-/Glöckler-/Friedrich-Ebert-Straße (während der Nazizeit: Adolf-Hitler-Straße).

NS-‚Parteigenossen' beim Schippen in der Schillerstraße. Rechts unten: Kreissparkasse.

Bahnhofsplatz mit Notbaracken. Rechts Ruine des früheren ‚Russischen Hofs'.

Bahnhofstraße nach Osten. Rechts die Saalbau-Ruine.

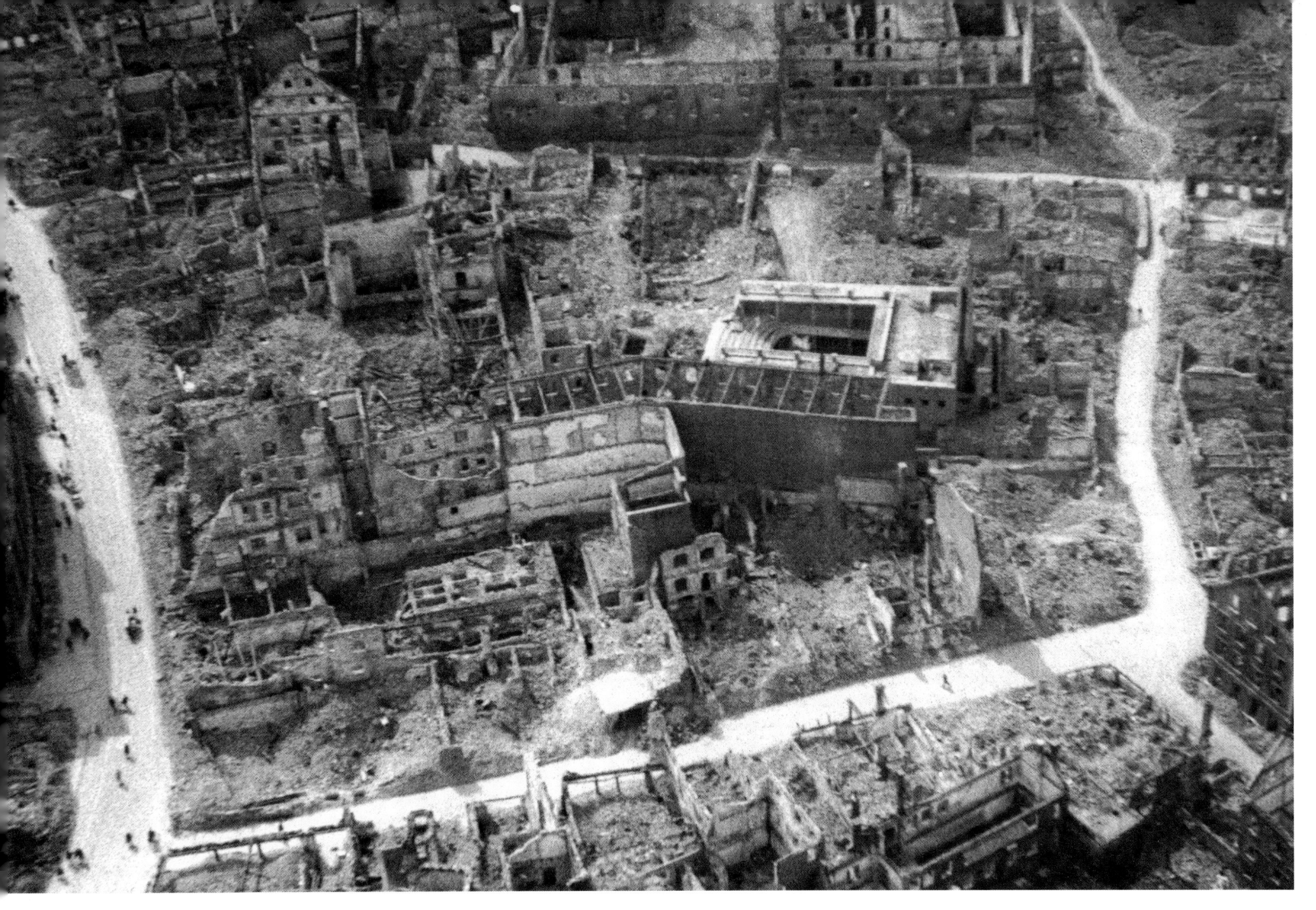

Das Geviert Hirschstraße (links), Pfauengasse (unten), Walfischgasse (rechts) und Ulmergasse (oben). Rechts der Bildmitte die Kammerlichtspiele.

Das Wengen-Kirchenschiff ist wieder gedeckt.

(Oben) Deutschhaus-Ruine. Blick zum Giebelfragment der Wengenkirche.

(Links) Walfischgasse mit Teilen des früheren Wengenklosters.

Nordwestlich des Münsters ist die Innenstadt eine Wüste: Walfisch-, Pfauen-, Stern- und Dreiköniggasse (von links).

Am Galgenberg: Zwei Klepper und eine Chaise als Ersatz fürs Privatauto.

Neu-Ulm: Überall wird aufgeräumt. Blick von der Marienstraße nach Ulm.

Neu-Ulm: Aussicht von der evangelischen Petruskirche nach Nordosten.

AUS ENDE WIRD ANFANG: NEUE BRÜCKENSCHLÄGE
Ulm vor dem ersten Wiederaufbau

Hirschstraße/Wengengasse: Schuttfreie Wege, aber noch nirgends wird gemörtelt.

Südwestlicher Münsterplatz. Das ‚Wartehäuschen' (später Verkehrspavillon) hat wieder ein Dach.

Reparaturen im Münsterchor:
Das Sakramentshaus (um 1470) ist
noch durch Backstein geschützt.

Vom Kornhaus der Reichsstadt
blieben nur die Mauern übrig.

Das Bürglen-Haus am Kornhausplatz, trotz Bürgerprotest 1951 abgerissen.

Hofeinfahrt der Brauereigaststätte ‚Drei Kannen' am Hafenbad.

Frauen-/Lange Straße mit Salmannsweiler Hof (links), Dreifaltigkeitskirche und Café Gindele.

Frauenstraße und Hafengasse.
Das Ehinger-Haus (rechts)
hat den Krieg überdauert.

Buden im Bauschutt: Frauen-/Lange Straße
mit Museum (links) und Rathaus.

150

Abgeräumt: Zwischen Langer Straße (vorn) und Taubengasse ist eine Schneise entstanden.

(Oben) Der ‚Alte Markt' am Weinhof: Schwarzhandel blüht.

(Unten) Ruine der Gaststätte ‚Alte Post', Kronengasse 14.

(Links oben) Ulmer Nachkriegsleben: Winterholz für den Ofen.

(Rechts oben) Milchmann am Zollernring.

(Rechts) Pferdepost in der Frauenstraße.

Herdbruckerstraße mit Rathaus-Ruine.

(Oben) Brückenschlag an der Kleinen Donau, Neu-Ulm.

(Rechts) Rathaus blank: Ohne astronomische Uhr und Delphinbrunnen.

Winter 1948/49: An Stelle der Alten Donaubrücke ist ein Nachfolgebau entstanden.

450 000 Mark kostet die Herdbrücke. Sie wird im August 1949 dem Verkehr übergeben und trägt an der mittleren Einbogenrippe bis zu 40 Tonnen Last.

Die Ulmer Straßenbahn fährt seit 1946 wieder regulär: Haltestelle am Münsterplatz mit Neuem Bau.

Noch ist der Münsterplatz von Behelfsbauten gesäumt. Rechts führt die Köpfingergasse zum Weinhof.

Der Wiederaufbau gewinnt
allmählich erste Konturen:
Münsterplatz mit Hirschstraße.

8. August 1949: Fahnen über Ruinen. Mit dem erneuerten Schwörmontag auf demokratischem Boden faßt Ulm wieder Fuß.

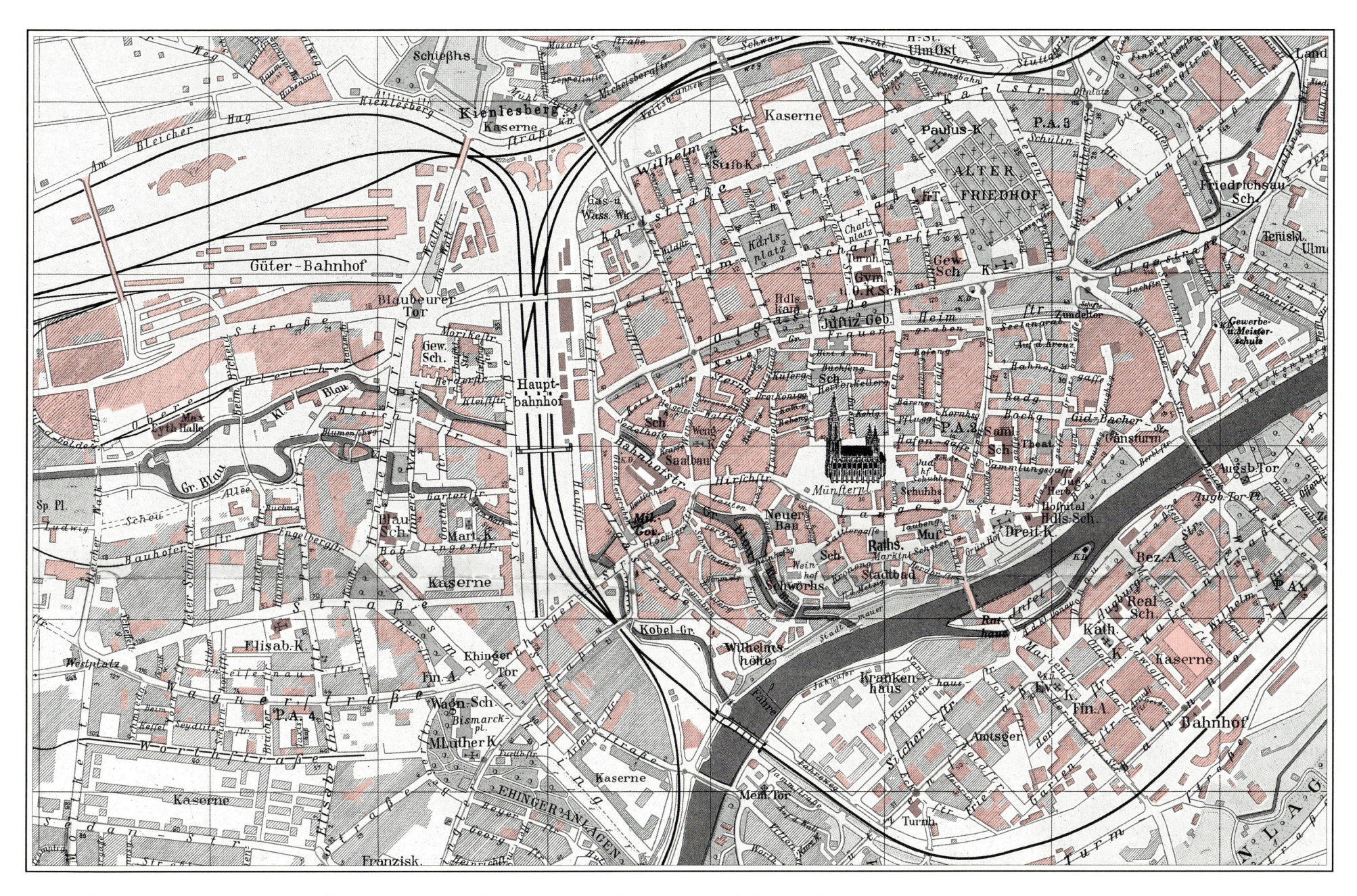

Ulmer Plan von 1948 im Ausschnitt (Stadtmessungsamt). Die zerstörten Bereiche sind farbig markiert.